CATALOGUE

DE LA

COLLECTION CHERUBINI

ANDANTE — CANTATE — CANONS — SONATES
SYMPHONIES — MENUETS — AIRS
MORCEAUX POUR PIANO, POUR INSTRUMENTS
MORCEAUX DE MUSIQUE SACRÉE
MORCEAUX DIVERS — AUTOGRAPHES, ETC., ETC.,

Des Maîtres Italiens, Français, Allemands, des XVIIIe et XIXe siècles,

Œuvres dédiées ou offertes par eux à Cherubini.

PARIS
IMPRIMERIE ADMINISTRATIVE DE PAUL DUPONT
41, RUE JEAN-JACQUES-ROUSSEAU, 41

1878

CATALOGUE

DE LA

COLLECTION CHERUBINI

ANDANTE — CANTATE — CANONS — SONATES
SYMPHONIES — MENUETS — AIRS
MORCEAUX POUR PIANO, POUR INSTRUMENTS
MORCEAUX DE MUSIQUE SACRÉE
MORCEAUX DIVERS — AUTOGRAPHES, ETC., ETC.,

Des Maîtres Italiens, Français, Allemands, des XVIIIe et XIXe siècles,

Œuvres dédiées ou offertes par eux à Cherubini.

PARIS
IMPRIMERIE ADMINISTRATIVE DE PAUL DUPONT
41, RUE JEAN-JACQUES-ROUSSEAU, 41

1878

CATALOGUE

DE LA

COLLECTION CHERUBINI

ALBUCHTSBERGER (Georgio),

Maestro di capella nella Catedrale di S. Steffano, à Vienna, nato 3 febr. 1636, †, 7 mart. 1809.

1\. — VII Canoni a piu voci in partitura

2\. — Offertorium in Cœna Domini à 4 voci. (Andante con moto.)

AUBER.

3\. — Allegro non troppo. (Autographe.)

ADAM.

4\. — Morceau de piano composé pour le concours des hommes, 1832. (Autographe.)

BELLINI.

5\. — L'Abbandono. (Allegro agitato.)

BENINCORI.

6. — Canone all'ottera en sol. (Composé pour Cherubini, 22 juillet 1821.)

BAILLOT.

7. — Canon à l'unisson à 4 voix égales. (Composé pour Cherubini, 28 mars 1821.)

8. — Moderato e Cantando.

BERR.

9. — Fragment d'étude pour la clarinette. (18 mai 1836.)

BEETHOWEN.

10. — Autographe en allemand.

BERTON (H.-M.).

11. — Canon énigmatique à 3 voix. (Août 1814.)

12. — Preuve de la bonté du renversement.

13. — Romance à trois notes. (Autographe.)

14. — Scène et Monologue. (Manuscrit original.)

15. — Canon énigmatique à 3 voix.

BOIELDIEU.

16. — Première intention du Galop pour l'Opéra. (1834.)

BOCCHERINI.

17. — Catalogue de ses ouvrages. (Année 1796.)

BAUDIOT.

18. — Son Écriture. — Musique. (Morceau de violoncelle, composé pour concours, 1829.)

BENOIST.

19. — Écriture de musique. (Autographe.)

BIENAIMÉ.

20. — Contre-Point, à 6 voix.

BACH (Ph.-Em.).

21. — Autographe. (Paroles allemandes. — Original.)

BACH (Sébastien).

21 *bis*. — Autographe. (Original.)

CARAFA.

22. — Quintetto della *Capricciera ed il Soldato*. (Anno 1821.)

CONTUMACI.

23. — Autographe. (Original.)

CATEL.

24. — Rondeau. — Le premier en date. (Autographe 1811.)

CLEMENTI.

25. — Canone finisto à 3 per giusti intervalli, composto per 2 violoni e viola. (Pel Suo amico Cherubini, Parigi, il 7 ottobre 1821.)

CRAMER (J.-B).

26. — Allegro (A son ami Luigi Cherubini, 31 décembre 1833.)

CATEL.

27. — Quatuor énigmatique. (15 avril 1811.)

CANDEILLE.

28. — La Paix. (Autographe.)

CAFARO.

29. — Marche. (Autographe.)

CALDARA.

30. — Cantate a voci soli col basso continuo. (Composta a Rome 1715, 20 de maggio.)

CHERUBINI.

31. — Autographe.

CZERNY.

32. — Andante cantabile. (A M. Cherubini, 31 mars 1837.)

DUSSEK.

33. — Canon à 4 voix.

34. — Autographe.

DURANTE.

35. — Autographe.

DAUSSOIGNE.

36. — Autographe.

37. — Souvenir d'Italie. (A M. Cherubini 20 mars 1827.)

DOHLER.

38. — Andante. (Hommage à Cherubini, 29 avril 1838.)

DALAYRAC.

39. — Dernier chœur du Pavillon du Calife. (A Cherubini. — Offert par Pixéricourt.)

DAUPRAT.

40. — Autographe.

DONIZETTI.

41. — Autographe.

DAUSSOIGNE.

42. — Fragment d'une scène mise au concours à l'Institut. (1807.)

EYBLER,

Maître de chapelle de la Cour impériale et royale de Vienne.

43. — Offertorium in Resurrectione Domini. (1797.)

ETER.

44. — Double Canon à l'Octave. (1812.)

FAGO.

45. — Andante. (Autographe.)

FRESCOBALDI.

46. — Toccata Elevazione. (Autographe.)

FINAROLI.

47. — Motteto. — La Natività del Signore. (Autographe.)

GLUCK.

48. — Air de danse dans *Admète*. (Autographe.)

GASSMAN,

Maître de chapelle de la Cour de Vienne, né en 1729, mort le 22 janvier 1774. — Maître de Saluze.

49. — Autographe.

GRÉTRY.

50. — Autographe.

GARCIA.

51. — Autographe.

GOSSEC.

52. — Hymne. — Chant religieux.

GENERALI.

53. — Magnificat. (Autographe.)

GIJROWETZ,

Maître de chapelle de Vienne, né en février 1763.

54. — Canzoneta à 4 voix.

GOSSEC.

55. — Canon énigmatique. (12 mai 1811)

GOMIS.

55 *bis*. — Autographe.

GAVINIES.

56. — Sonate.

GUILLOU.

57. — Morceau pour flûte.

GARAUDÉ.

58. — Fugue du *Credo* de la Messe à 3 voix.

HAYDN (JOSEPH).

59. — Symphonie. (Autographe, 24 février 1806.)

HAYDN (MICHEL).

60. — Quartetto a violino. (Autographe.)

HUMMEL.

61. — Canon à 2 voix. (Al papa Cherubini, Weimar, 18 juin 1836.)

HABENECK.

62. — Allegro.

63. — Menuet à violon seul. (Composé pour son ami Cherubini, 1821, 20 juillet.)

HÉROLD.

64. — Autographe.

HALÉVY.

65. — Canon à 3 voix (pour M. Cherubini, 25 août 1824.)

66. — Canons. (1835.)

HILLER (F.).

67. — Andante. (Hommage à M. Cherubini, 16 avril 1836.)

HILLER (ADAM),

Maître de chapelle à Leypsig, né le 25 décembre 1728. mort en 1804.

68. — Autographe.

JOMELLI.

69. — Autographe.

KREUTZER (RODOLPHE).

70. — Autographe.

71. — Trio pour violon seul. (A son ami Cherubini, Paris, 2 mars 1821.)

KREUTZER (AUGUSTE).

72. — Autographe. (Morceau pour le concours de violon, 1828.)

KUHN.

73. — Autographe.

LÉO (LEONARDO).

74. — Autographe.

LANGLÉ.

75. — Pas provençal. (Autographe.)

LESUEUR.

76. — Autographe. (Donné à M. Cherubini par Mme Lesueur, 20 février 1838.)

LEBORNE.

77. — Autographe. — Allegretto. (Air de *Suzette*, 1828.)

MÉHUL.

78. — Valentine. (Ouverture et morceau d'ensemble.

79. — Autographe.

MOZART.

80. — Autographe.

MOSCHELÈS.

81. — Fragment pour piano. (Hommage à Cherubini, Londres, 1er juillet 1836.)

MARTINI.

82. — Autographe. (1754.)

PADRE MATTEI.

83. — Autographe.

MERCADANTE.

84. — Canzone. (Opéra des *Brigands*, 22 mars 1836.)

MAYSEDER.

85. — Autographe. (A M. Cherubini, 6 janvier 1837.)

MAYR (SIMON).

86. — *Miserere*.

87. — Musique religieuse.

MEYERBEER.

88. — Autographe des *Huguenots*.

89. — Andante cantabile. (Écriture de Meyerbeer.)

MULLER,

Maître de chapelle de Leypsig, né en 1767, mort en 1817.

90. — Fugue à 2 voix.

MENDELSOHN (BARTHOLDY).

91. — Andante. (Fac simile.)

NICOLO (ISOUARD).

92. — Autographe.

NICOLINI (GIUSEPPE).

93. — Arietta.

94. — Autographe.

NADERMAN.

95. — Allegro pour harpe. (1827.)

NORBLIN.

96. — Allegro. (Concours de violoncelle, 1832.)

NEUKOMM.

97. — Ouverture. (Dédiée à Cherubini, Rio-Janeiro, 10 mars 1819.)

ONSLOW (GEORGE).

98. — Autographe. (28 juin 1830.)

PAISIELLO.

99. — Autographe. (Donné par Zingarelli à Naples, 15 janvier 1828.)

PICCINI.

100. — A son ami Viotti 1783. (Autographe.)

PAGANINI.

101. — Autographe. (11 août 1837.)

PHILIDOR.

102. — Autographe.

PERNE.

103. — Canon fermé et Canon ouvert. (Février 1821.)

104. — Andante 1820-1825-1827.

PEREZ (David).

105. — Fragment d'une Cantate. (Autographe.)

PERSUIS.

106. — *Les Danaïdes*, 3e acte. (Autographe.)

PAER.

107. — Andante. (Autographe.)

PLANTARDE Père.

108. — Autographe. (A Cherubini, 1836.)

PLEYEL.

109. — Quartetto. (Autographe.)

PANSERON.

110. — Canon à 2 voix égales. (A Cherubini, 24 août 1824, pour la Saint-Louis.)

ROUSSEAU (J.-J.).

111. — Fragment d'un air de Hasse. (Copié par J.-J. Rousseau.)

111 *bis*. — Ariette de basse taille. (Autographe authentique certifié par Bottée de Toulmon.)

RODE.

112. — Allegretto pour violon. (Autographe à M. Cherubini.)

REICHA.

113. — *Kyrie*.(Autographe 1827.)

114. — Le nom de Bach en musique. (1834.)

ROMBERG.

115. — Andante à Cherubini. (Autographe.)

ROSSINI.

115 *bis*. — Canto avec accompagnement de piano. (A Cherubini, al Maestro de Maestri. Signé G. Rossini.)

RIES.

116. — Air allemand. (Autographe, David et Paul, 1826.)

RIFAUT.

117. — Marche funèbre. (Autographe du maître.)

SACCHINI.

119. — Autographe.

120. — Autographe per la Signora Francesca Bazin. (1786.)

SEYFRIED.

Né en 1756. — Maître de chapelle de Vienne.

121. — Aria, en allemand. (Autographe.)

STADLER (ABBÉ).

Compositeur à Vienne, né en 1748, mort en 1833.

122. — Autographe.

SALIERI (ANTOINE).

Maître de chapelle de la Cour de Vienne, né en 1750, mort en 1825.

123. — Autographe.

SCARLATTI.

124. — Fragment. (Autographe.)

SCHUBERT (Francesco),

Compositeur à Vienne.

125. — Autographe. (1815).

STOCKAUSEN.

126. — Autographe. (1838, à Cherubini, avec Lettre de l'Auteur.)

SECHTER (Simon).

127. — Autographe. (A M. Cherubini.)

SARTI.

128. — Autographe.

STEIBELT.

129. — Ouverture de Sallieri arrangée.

SPONTINI.

130. — Fragment d'une scène dans Olimpie. (Autographe à Cherubini, au très-révéré Maître Cherubini, par son très-dévoué admirateur.)

SCHNEITZHOEFFER.

131. — Chœur dansé. (Autographe, 8 mai 1839.)

TARTINI.

132. — Andante. (Autographe.)

TRAIETTA. (Tommasso).

133. — Autographe.

TRITTO.

134. — Lamentazione prima del Giovedi Santo. (Autographe.)

TULOU.

135. — Morceau pour flûte pour le concours de 1829. (Autographe.)

THALBERG.

136. — Autographe. (Avril 1836.)

TURCAS.

137. — Romance pour 2 voix. (Autographe à M. Cherubini, 1er avril 1821.)

VIOTTI.

138. — Ductto à un violono solo. (A son ami Cherubini, 15 mars 1821.)

VOGT.

139. — Autographe.

WEBER (CARLO-MARIA).

140. — Autographe.

WRANYTZKY (PAOLO),

Maître de chapelle, né en 1756, mort en 1808.

141. — Autographe.

WORZISCHEK,

Organiste de la Cour de Vienne, né en 1791, mort en 1825.

142. — Duetto. (Autographe.)

WULHORSKI (Comte MICHEL).

143. — Autographe. (A M. Cherubini.)

ZINGARELLI.

144. — Autographe.

ZIMMERMAN.

145. — Double Canon. (Composé pour M. Cherubini, (23 décembre 1821.)

Paris.-Imp. PAUL DUPONT, — 1293.4.78

www.ingramcontent.com/pod-product-compliance
Ingram Content Group UK Ltd.
Pitfield, Milton Keynes, MK11 3LW, UK
UKHW032038260826
14628UKWH00007B/3050

9 782013 628471